Inhalt

Sensortechnologie - Sensoren erobern den Massenmarkt

Kernthesen

Beitrag

Fallbeispiele

Weiterführende Literatur

Impressum

GENIOS WirtschaftsWissen Nr. 02/2010 vom 01.02.2010

Sensortechnologie - Sensoren erobern den Massenmarkt

M.Westphal

Kernthesen

- Im Jahr 2010 werden einige Sensorprodukte auf den Markt kommen, die deutliche Leistungssteigerungen gegenüber ihren Vorgängern aufweisen.
- Mit diesen Produkten wird es im IT-Sektor zu Massenanwendungen im Consumer-Bereich kommen.
- Auch im industriellen Bereich werden damit neue Applikationen möglich.

Beitrag

Sensortechnologie setzt sich durch

Im Rahmen der fünften internationalen Konferenz zum Thema drahtlose Kommunikation und Sensornetzwerke ist der große Einfluss von drahtloser Kommunikation und Sensornetzwerken auf die Gesellschaft manifestiert worden. Themen dieser Konferenz waren insbesondere drahtlose Sensornetzwerke, Architekturen und Protokolle sowie das Power Management von drahtlosen Sensornetzwerken und die Lokalisation und Synchronisation wie aber auch entsprechende Sicherheitsaspekte in Verbindung mit diesen Netzwerken.
Wireless Sensor and Actor Networks (WSAN) werden von großer Bedeutung sein für verteiltes Remote Monitoring, aber auch für den Bereich Steuerung in vielerlei Umgebungen. (1)

Die Anwendungsszenarien für Sensortechnologie werden immer vielfältiger

Die Sensortechnologie hat sich in den vergangenen Jahren weiter entwickelt. War sie bisher nur präsent in Spezialanwendungen, vor allem in der

Automobilindustrie, so ermöglichen die technologischen Fortschritte jetzt vielfältige Anwendungsmöglichkeiten. Die sogenannten MEMS-Sensoren, die bisher als MEMS-Bewegungssensoren in Autos genutzt wurden, werden jetzt auch als Mikrofone in Consumer-Anwendungen eingesetzt und vergrößern damit das Stückzahlvolumen der Sensorproduktion signifikant.

Bisher teilte sich der Markt für MEMS-Sensoren in zwei Welten auf. Zum einen gab es die Branchenriesen wie Texas Instruments, Analog Devices, Bosch oder auch Hewlett Packard (HP) mit seinen Tintenstrahldruckköpfen. Analog Devices und Bosch lieferten ihre Sensoren vorrangig in die Automobilindustrie. Auf der anderen Seite gab es viele Kleinanbieter, die häufig Spin-Offs von Universitäten waren oder auch kleine Start-Ups, von denen viele nicht überlebt haben. Diese Kleinanbieter konzentrierten sich auf die Entwicklung von Consumer-MEMS. Seit es aber gelang, Consumer-MEMS für Werte von unter einem Dollar anzubieten, boomte auch dieser Markt und führte zum Markteintritt von Branchengrößen wie STMicroelectronics oder NXP Semiconductor. Da sich die Produktionsstückzahlen im einstelligen Millionenbereich einpendeln, dürfte das Überleben der vielen kleinen Anbieter noch schwieriger werden. (8)

Auch im Logistikbereich werden Sensoren benötigt, die Anwendungsfälle wie Schock- oder Neigungsmessung beherrschen und möglichst ohne externe Stromaufnahme funktionieren. Ebenso sind Messgrößen wie Feuchte, Druck oder Dehnung oder Größen im Rahmen der Kühlkettenlogistik denkbar, um Umgebungseinflüsse auf Transportgüter lückenlos dokumentieren zu können. Damit kann Qualitätssicherung und -überwachung über die gesamte Logistikkette sichergestellt werden. (7)
In der Mechatronik geht es vor allem um Kontrollieren und Steuern. Um Rückmeldungen aus der Umwelt zu bekommen werden Sensoren eingesetzt. Dabei ist zu berücksichtigen, dass zur Messung einer Variable nicht ein spezieller einzelner Sensor das geeignete Tool ist. Vielmehr sollten mehrere Sensoren verknüpft werden in einem Messsystem. Die jeweiligen Stärken der einzelnen Sensoren werden so genutzt, ein komplementäres, ideales Messsystem zu gewinnen. (9)

MEMS-Mikrofone sind der aktuell am stärksten wachsende Markt der Sensortechnologie

MEMS-Sensoren werden jetzt auch als Mikrofone eingesetzt. Konkurrenten im Bereich der MEMS-

Mikrofone sind Knowles, NXP Semiconductor, Wolfson, Panasonic, Analog Devices, Bosch, Infineon, MemsTech und auch Epcos. Dabei hat Knowles aktuell einen Marktanteil von etwa 80 Prozent. Allerdings liegt das Marktvolumen im Jahre 2009 nur bei 140 Millionen Dollar. Für 2010 erwartet iSuppli ein Stückzahlvolumen von 500 Millionen (nach gut 300 Millionen im Jahre 2008) und damit ein Marktvolumen von 160 Millionen Dollar. Dabei fiel im Jahre 2009 der Umsatz und auch 2010 dürfte er sich relativ schlechter entwickeln als die Stückzahlen, da MEMS-Mikrofone sinkende Preise aufweisen. Das relativiert damit auch Prognosen von STMicroelectronics und Omron hinsichtlich einer Steigerung des Marktvolumens um Zehnerpotenzen. Dann müssten mittelfristig 3,5 Milliarden Mikrofone produziert und verkauft werden, wobei iSuppli für das Jahr 2013 gerade mal ein Volumen von 1,1 Milliarden prognostiziert.

Die Volumenentwicklung der MEMS-Mikrofone weißt in 2009 eine kleine Delle auf, die sich in einem nur einstelligen Volumenwachstum ausdrückte. Gründe hierfür sind laut iSuppli zum einen der insgesamt rückläufige Handymarkt und zum anderen die Schwäche von Motorola. das Unternehmen hatte in seinem Handy "RAZR" erstmals MEMS-Mikrofone eingebaut, dieses Telefon aber nicht mit einem adäquaten Nachfolger besetzt. Außerdem gibt es die traditionellen Elektret-Kondensator-Mikrofone inzwischen auch als SMD-Version und immer noch deutlich günstiger als MEMS-Mikrofone. (11) Die Skalierungseffekte der MEMS-Mikrofone führen jetzt zu sinkenden Preisen, die sich denen der konventionellen Kondensator-Mikrofone annähern. Doch MEMS-Mikrofone haben deutliche Vorteile im Hinblick auf Größe, Skalierbarkeit und Klangqualität. Auch sind Rauschunterdrückung und Akustikbündelung bei ihnen besser. Daher werden sie zunehmend in Laptops und Handys eingebaut. (4), (10), (11)

Auch Hewlett Packard will im großen Stil in den Sensormarkt einsteigen

Hewlett Packard will auch vom Markt für Sensoren partizipieren. Der Ansatz von HP ist ein globales Netzwerk von Sensoren aufzubauen. Die erste Generation der HP-Sensoren ist vor allem für Energie- und Bauwirtschaft von Bedeutung. Allerdings können sie auch im Automobilbau zum Einsatz kommen. Ihr Fokus liegt auf der Messung von Vibrationen, um Materialermüdungen im Brückenbau oder bei Fahrzeugachsen im Frühstadium zu erkennen und damit rechtzeitig auf

Risiken hinzuweisen. Dafür werden Akzelerometer benötigt, die deutlich empfindlicher sind als die, die derzeit in Apples iPhone verbaut werden. Sobald diese in entsprechender Miniaturisierung verfügbar sind und auf einen einzigen Chip passen, können sie mit integrierter Logik und Memristoren (Speicherbausteine, die ihren Zustand ohne Energiezufuhr speichern können) in Handys und anderen kleinen Endgeräten verbaut werden. Aber HP möchte noch weiter gehen und seinen Sensoren auch Geschmacks- und Geruchssinn beibringen. Damit könnten Konsumenten in einem Supermarkt z. B. Früchte auf Pestizide untersuchen. HP verfolgt nicht die Strategie des Verkaufs von Einzelsensoren, sondern möchte Lösungen und Services anbieten. (5)

Autarke Energieversorgung ist für die Entwicklung des Sensormarktes von großer Bedeutung

Ein Hauptfokus in Forschungs- und Entwicklungsabteilungen ist der Bereich Energy Harvesting für Sensoren. Darunter wird eine autarke Energiegewinnung und Speicherung verstanden. Sensoren können so ohne externe Stromversorgung mittels Batterien oder Kabel funktionieren. Hierbei stehen Sensoren, die ihre Energie aus Vibrationen oder aus mechanischen Bewegungen beziehen im Vordergrund. Das Münchner Unternehmen EnOcean ist einer der Vorreiter im Bereich der Entwicklung von energieautarken Sensoren. EnOcean hat unter anderen mit Nokia eine Allianz gebildet, um die Standardisierung dieser Technologie voranzutreiben. Nokia strebt hierbei, wie alle Anbieter von mobilen Endgeräten, eine Verbesserung des Energiehaushalts seiner Geräte an. (1)

Aber die Energieversorgung ohne externe Stromquellen gewinnt auch oder gerade bei Sensornetzwerken an Bedeutung.
Drahtlose Sensornetzwerke müssen für ein wirtschaftliches Einsatzszenario ihre Energie aus der Umgebung beziehen. Diese Technologie ist inzwischen technisch soweit gereift, dass auch ein realer Einsatz in naher Zukunft denkbar ist.

Die Firma Jennic baut Controller, die mit derart wenig Energie auskommen, dass ein einziger Fingerdruck auf einen mechanischen Schalter ausreicht, um ihre Controller zu starten, sie zu initialisieren und Daten zu übertragen.

Damit werden Sensorsysteme auch für die Haus- und Gebäudeautomatisierung einsetzbar. Denkbar sind drahtlose Lichtschalter ohne Stromversorgung. Damit

können Kosten für Verkabelung wie auch Installation und Wartung drastisch gesenkt werden.
Über Energy Harvesting werden Sensorknoten mittels kleiner Photozellen oder Brennstoffzellen versorgt. Die notwendigen DC/DC-Wandler sind bereits verfügbar. (6)

Trends

Sensoren erlangen eine strategische Bedeutung in vielen Industriebereichen. Das gab dem AMA Fachverband für Sensorik Anlass, eine Studie zu exemplarischen Einsatzfeldern zu erstellen. Die Studie hat einen rein technologischen Fokus und ist daher keine Marktstudie. Im Falle von Sensoren mit elektromechanischen Messprinzipien werden gemäß der AMA-Studie kapazitive wie auch resistive Methoden weiterhin vorherrschend sein. Mittelfristig werden hier aber andere Messprinzipien wie magnetische, piezoelektrische, oder resonante dominieren, ebenso Ultraschall- und Mikrowellensensoren. Ein erkennbarer Trend geht hin zur Miniaturisierung von Sensoren in MEMS und einem wachsenden Einsatz von Silizium-Messelementen. Ebenso ist abzusehen, dass Multisensoren auch in Massenanwendungen in großer Zahl verbaut werden. Darüber hinaus ist eine direkte Sensor-Aktor-Kopplung von großer

Bedeutung. Laut der Studie werden künftig relativ einfache Sensoren zunehmend durch höher integrierte, intelligentere Sensorsysteme ersetzt. Dabei stehen höhere Auflösung, geringerer Energieverbrauch und eine schnellere Signalverarbeitung im Blickpunkt. Die Verlagerung der Wertschöpfung bewegt sich in Richtung der Signalverarbeitung, dem Energiemanagement, der Selbstüberwachung und der Miniaturisierung. Ziel ist es, die Cost of Ownership zu reduzieren. Übergeordnete Trends in der Sensortechnologie sind erkennbar in digitalen Schnittstellen, zunehmend drahtloser Sensorik, dezentraler Messwertverarbeitung wie auch paralleler Erfassung von Messwerten autonomer Sensorsysteme. (3)Die Marktforscher von iSuppli schätzen, dass aktuell MEMS-Beschleuniger in drahtlosen Sensornetzwerken in Stückzahlen von einigen zehntausend Einheiten produziert werden. In spätestens fünf Jahren dürfte der Bedarf aber auf einige hunderttausend Einheiten anwachsen. Im Bereich der verdrahteten Sensornetzwerke, die aktuell für die Suche nach Öl und Gas genutzt werden, sind bereits mehr als eine halbe Million Sensoren geliefert worden. (6)Die Darnell Group geht davon aus, dass die Energy Harvester, die sich noch in der Einführungsphase befinden, ab 2010 in die Wachstumsphase übergehen werden. Damit werden die Systeme, die ihre Energie aus der Umgebung beziehen schneller wachsen als Systeme, die ihren Energiebedarf aus Batterien oder anderen Quellen decken. Der Einsatz von Energy Harvestern kann vor allem in drahtlosen Sensornetzen mit vielen Knoten deutliche Kosteneinsparungen bringen, weil nicht mehr zahllose Batterien in allen Knoten ausgetauscht werden müssen. (6)

Fallbeispiele

STMicroelectronics (STM) hatte im MEMS-Bereich mit Beschleunigungssensoren großen Erfolg. Diesen möchte das Unternehmen nun mit MEMS-Mikrofonen wiederholen. Hierfür ist man eine Kooperation mit Omron eingegangen, wobei STM den ASIC und das Packaging wie auch den Test der MEMS-Mikrofone leistet. Omron liefert die MEMS-Basis. Diese Mikrofone sollen vor allem im Handy- und Laptop-Bereich zum Einsatz kommen.

STM und Omron wollen das Volumen von MEMS-Mikrofonen um eine Zehnerpotenz vergrößern. Die Unternehmen gehen sogar davon aus, dass mit großen und langfristig orientierten Partnern der Markt explodieren könnte.
Die Analysten von iSuppli zweifeln an den Marktwachstumsprognosen von STM und Omron. Sie sehen die Gründe hierfür in der völlig anderen

Vertriebsmannschaft, die Bewegungssensoren gegenüber MEMS-Mikrofone haben. Außerdem sei das Erfolgskonzept der Beschleunigungssensoren nicht ohne Weiteres auf das der MEMS-Mikrofone übertragbar. Auch passe der High-Performance-Charakter, den die Kooperation in den Vordergrund stelle, nicht zum avisierten Zielmarkt der Handys und Laptops, bei dem nur der Preis entscheide.

Auch wenn STM ankündigt, seine MEMS-Mikrofone zu einem Preis von unter einem Dollar anbieten zu wollen, muss berücksichtig werden, dass bereits heute MEMS-Mikrofone für unter 50 Cent erhältlich sind. Und auch dieser Preis macht die MEMS-Mikrofone immer noch 30 - 45 Prozent teurer als ihre traditionellen Konkurrenten, die Elektret-Kondensatormikrofone. Und deren technische Performance ist inzwischen durchaus vergleichbar mit der der MEMS-Mikrofone.
Interessant ist, dass ein Unternehmen wie STM, welches bisher über keine Erfahrung im Akustik-Bereich verfügte, innerhalb von sechs Monaten einen speziell für MEMS-Mikrofone entwickelten ASIC vorstellen konnte.
Die Serienfertigung der MEMS-Mikrofone von STM / Omron soll im ersten Quartal 2010 anlaufen. (4)

Hewlett Packard fertigt in seiner Fabrik in Corvallis, Oregon, die bisher nur für die Produktion von MEMS für Tintenstrahldrucker genutzt wurde, jetzt auch Beschleunigungssensoren. Diese Sensoren sollen um den Faktor 1 000 empfindlicher sein, als herkömmliche Beschleunigungssensoren, die aktuell in Spielen oder Kfz-Airbags Verwendung finden. Einsatzfelder für solche Sensoren können im Bereich Öl- und Gassuche wie aber auch der Verkehrsüberwachung liegen. So kann ein komplettes Netzwerk dieser Sensoren die Folgen der Umgebungseinflüsse aus Temperatur oder wechselnden Lasten auf eine Brückenkonstruktion an einen Server weitergeben, der Alarm schlägt, sofern die entstehenden Vibrationen gefährlich werden können. (6)

Weiterführende Literatur

(1) Int'l conference on wireless communications [Allahabad]
aus The Times of India 17.12.2009

(2) Technologies under the strobe lights. Hot Tech 2010
aus The Times of India 17.12.2009

(3) Entwicklungstrends in der elektromechanischen Sensorik Studie »Sensor-Trends 2014«
aus Markt & Technik, Heft 50/2009, S. 24

(4) STMicroelectronics und Omron arbeiten bei

MEMS-Mikrofonen zusammen ST will Marktvolumen für MEMS-Mikrofone um eine Zehnerpotenz steigern
aus Markt & Technik, Heft 50/2009, S. 19

(5) HP entwickelt globales Sensornetzwerk
aus VDI NR. 50 VOM 11.12.2009 SEITE 5

(6) Energie aus der Umgebung ernten Autarke Systeme rücken in greifbare Nähe
aus Markt & Technik, Heft 49/2009, S. 18

(7) RFID-IC Konfigurierbare RFID-Chips für die Logistik
aus Elektronikpraxis Nr. 023 vom 03.12.2009 Seite 024

(8) »Wir machen jetzt übrigens auch MEMS«
aus Markt & Technik, Heft 46/2009, S. 7

(9) Sensor Fusion — It's Hot!
aus Design News, United States (DESINEWS), 64 (2009) 11 page 16

(10) MEMS-Mikrofone
aus Elektronikpraxis Nr. 020 vom 22.10.2009 Seite 016

(11) iSuppli prognostiziert über 1 Mrd. MEMS-Mikrophone bis 2013 Dämpfer für das Boom-Segment MEMS-Mikrophone
aus Markt & Technik, Heft 42/2009, S. 11

Impressum

Sensortechnologie - Sensoren erobern den Massenmarkt

Bibliografische Information der deutschen Nationalbibliothek

Die Deutsche Nationalbibliothek verzeichnet diese Publikation in der deutschen Nationalbibliografie; detaillierte bibliografische Daten sind im Internet über http://dnb.d-nb.de abrufbar.

ISBN: 978-3-7379-0361-5

© 2015 GBI-Genios Deutsche Wirtschaftsdatenbank GmbH, Freischützstraße 96, 81927 München, www.genios.de

Alle Rechte vorbehalten. Dieses Werk ist einschließlich aller seiner Teile – z.B. Texte, Tabellen und Grafiken - urheberrechtlich geschützt. Jede Verwertung außerhalb der Grenzen des Urheberrechtsgesetzes bedarf der vorherigen Zustimmung des Verlags. Dies gilt insbesondere auch für auszugsweise Nachdrucke, fotomechanische Vervielfältigungen (Fotokopie/Mikroskopie), Übersetzungen, Auswertungen durch Datenbanken oder ähnliche Einrichtungen und die Einspeicherung und Verarbeitung in elektronischen Systemen.